Comité Républicain de la R. P.

Paris — 21, Place de la Madeleine — Paris

DISCOURS

DE

CHARLES BENOIST,
FERDINAND BUISSON
et JEAN JAURÈS

En faveur de la R. P.

✚

Le Programme du Comité Républicain de la R. P.

PRIX : 10 CENTIMES

Les souscriptions et adhésions au Comité Républicain de la R. P. sont reçues par le Secrétaire général, M. Georges Lachapelle, 21, place de la Madeleine, à Paris.

PUBLICATIONS DU COMITÉ RÉPUBLICAIN DE LA R. P.

AVRIL 1910

Le Comité Républicain de la R. P.

21, PLACE DE LA MADELEINE, PARIS (8ᵉ)

A la veille des élections législatives générales de 1910, un certain nombre de républicains modérés, radicaux ou socialistes, appartenant aux milieux intellectuels, industriels, commerciaux, agricoles et ouvriers, ont décidé de former un Comité pour défendre l'idée de la **Représentation Proportionnelle**.

La lettre qu'on va lire et qui est destinée à provoquer de nouvelles adhésions indique nettement le dessein poursuivi par les fondateurs du Comité Républicain de la R. P.

MONSIEUR,

Nous avons l'honneur de solliciter votre concours pour nous aider à faire triompher l'idée de la **Représentation proportionnelle**. Étrangers pour la plupart aux luttes de partis, tous indifférents aux querelles de groupes, tous républicains et résolus à ne voter que pour des républicains, nous ne poursuivons qu'un dessein d'intérêt général. Divisés sur d'autres problèmes politiques, nous sommes unanimes à penser que la Réforme Électorale est la plus nécessaire et la plus urgente de toutes.

Nous la voulons pour fortifier la République et pour améliorer notre régime parlementaire. Dans un pays qui s'est toujours montré énergiquement hostile, depuis près d'un demi-siècle, à toutes les entreprises des partisans de la Monarchie, de l'Empire ou de la dictature, nous ne craignons pas qu'une œuvre de justice mette en péril nos institutions démocratiques.

L'usage du scrutin d'arrondissement a perpétué des mœurs électorales et politiques intolérables : la candidature officielle, l'arbitraire dans les actes administratifs, l'arbitraire même dans l'application des lois, la faveur substituée à la justice, le désordre dans les services publics, le déficit dans les budgets où les intérêts privés et de clientèle prévalent sur l'intérêt général.

Il faut affranchir les députés de la servitude qui les oblige à satisfaire des appétits pour conserver des mandats. Il faut mettre plus de dignité et de moralité dans l'exercice du droit de suffrage ; substituer la lutte des idées à la concurrence des personnes ; contraindre les partis à s'organiser, à se discipliner, à présenter aux électeurs des idées claires dans des programmes précis, afin que puisse se faire l'éducation à peine commencée de notre démocratie. Il faut enfin rappeler à ceux qui seraient tentés de l'oublier, qu'une nation ne peut être grande et même ne peut vivre qu'à la condition que ses citoyens aient le sentiment d'une solidarité qui commande à chacun des sacrifices à l'intérêt de la patrie.

L'idée de la Représentation Proportionnelle doit être largement répandue par tous les moyens de propagande : brochure, affiches, conférences publiques. Nous vous serons reconnaissants de nous aider dans cette œuvre nécessaire.

Veuillez agréer, Monsieur, l'assurance de nos sentiments les plus dévoués.

Dr Gilbert BALLET, professeur à la Faculté de Médecine ;

Henri BARBOUX, de l'Académie Française, ancien bâtonnier de l'Ordre des Avocats de Paris ;

Victor BÉRARD, professeur à l'École des Hautes Études ;

H. BERGSON, de l'Académie des Sciences morales et politiques ;

H. BERTHÉLEMY, professeur à la Faculté de Droit de Paris ;

Ch. BESSAND, ancien Président du Tribunal de Commerce de la Seine ;

A. BILLOT, Ambassadeur de la République Française ;

Dr Raphaël BLANCHARD, de l'Académie de Médecine ;

Gaston BONNIER, de l'Académie des Sciences et de la Société Nationale d'Agriculture ;

Dr Ch. BOUCHARD, de l'Académie des Sciences et de l'Académie de Médecine ;

Émile BOREL, professeur à la Faculté des Sciences ;

M. BOVERAT, négociant ;

E. BRIAT, membre du Conseil supérieur du Travail, secrétaire général de la Chambre Consultative des Associations ouvrières de Production ;

Adolphe CARNOT, de l'Académie des Sciences ;

CAULLERY, professeur à la Faculté des Sciences ;

CHAUMAT, avocat à la Cour d'appel, membre du Conseil de l'Ordre ;

A. CHAUVEAU, de l'Académie des Sciences ;

Arthur CHUQUET, de l'Académie des Sciences morales et politiques ;

E. CHEVALLIER secrétaire de l'Association ouvrière de l'hygiène et de la sécurité des travailleurs ;

Fernand CLÉMENT, avoc   . la Cour d'appel ;

Alfred CROISET, de l'Académie des Inscriptions et Belles-Lettres ;

Dr A. DASTRE, de l'Académie des Sciences et de l'Académie de Médecine ;

Lucien DERODE, ancien Président de la Chambre de Commerce de Paris ;

Victor DELBOS, professeur à la Faculté des Lettres ;

Paul DESJARDINS, homme de lettres ;

Charles DIEHL, professeur à la Faculté des Lettres ;

Jules DIETZ, avocat à la Cour d'appel ;

Roger DOUINE, ancien industriel ;

Marcel DUBOIS, professeur à la Faculté des Lettres ;

Arthur DUHEM, membre de la Chambre de Commerce de Lille ;

Alfred DUQUET, historien militaire ;

Eugène d'EICHTHAL, de l'Académie des Sciences morales et politiques ;

A. ESPINAS, de l'Académie des Sciences morales et politiques ;

Fernand FAURE, directeur honoraire de l'Enregistrement, directeur de la *Revue politique et parlementaire* ;

Eugène FOUILLÉE, de l'Académie des Sciences morales et politiques ;

Eugène FOURNIÈRE, maître de Conférences à l'École Polytechnique ;

Philippe FOUGEROLLE, entrepreneur de Travaux Publics ;

J. GAY, ancien Conseiller d'État ;

Raphaël GEORGES LÉVY ;

GERVAISE, du Syndicat ouvrier des Monnaies et Médailles ;

Charles GIDE, professeur à la Faculté de Droit ;

A. GOSSET, avocat au Conseil d'État et à la Cour de cassation ;

Yves GUYOT, rédacteur en chef du *Journal des Économistes* ;

Jacques HADAMARD, professeur au Collège de France ;

Jules HARMAND, Ambassadeur de la République Française ;

Louis HAVET, de l'Académie des Inscriptions et Belles-Lettres ;

Auguste ISAAC, Président de la Chambre de Commerce de Lyon ;

Georges JOUANNY, ancien industriel ;

G. JUILLARD-HARTMANN, industriel à Épinal ;

Jules KŒNIGSWARTER, administrateur-délégué de l'Association des Classes Moyennes ;

Georges LACHAPELLE, homme de lettres ;

LARNAUDE, professeur à la Faculté de Droit ;

Charles LAUTH, administrateur honoraire de la Manufacture Nationale de Sèvres ;

E. LAVISSE, de l'Académie Française ;

D. LÉAUTÉ, de l'Académie des Sciences ;

Max LECLERC, éditeur ;

Georges LECOMTE, homme de lettres ;

L. LEMOINE, industriel ;

Anatole LEROY-BEAULIEU, de l'Académie des Sciences morales et politiques ;

Émile LEVASSEUR, de l'Académie des Sciences morales et politiques
et de la Société Nationale d'Agriculture ;

Henri LICHTENBERGER, professeur adjoint à la Faculté des Lettres ;

Charles LYON-CAEN, de l'Académie des Sciences morales et politiques ;

Léon MARTINET, secrétaire général de la Chambre syndicale des
Employés ;

Luc-Olivier MERSON, de l'Académie des Beaux-Arts ;

MONTÉLIMARD, de la Fédération ouvrière des teinturiers-dégraisseurs ;

Henry MORNARD, avocat au Conseil d'État et à la Cour de cassation ;

A. MUZET, Président des Chambres Syndicales ;

E. NIVOIT, ancien directeur de l'École Nationale supérieure des Mines ;

PAINLEVÉ, de l'Académie des Sciences ;

Georges PERROT, de l'Académie des Inscriptions et Belles-Lettres ;

Émile PICARD, président de l'Académie des Sciences ;

A. PINARD, maître de Forges ;

PLUCHET, ancien Président de la Société Nationale d'Agriculture ;

J. PREVET, Président de l'Union des Syndicats de l'Alimentation ;

Marcel PRÉVOST, de l'Académie française ;

Gaston RAINDRE, Ambassadeur de France ;

Ch. RAMEAU, Ministre Plénipotentiaire ;

Georges RENARD, professeur au Collège de France ;

Gustave REYNIER, professeur adjoint à la Faculté des Lettres ;

Théodule RIBOT, de l'Académie des Sciences morales et politiques ;

RICHEMOND, ancien Président du tribunal de Commerce de la
Seine ;

Henry SAGNIER, de la Société Nationale d'Agriculture ;

F. SAMAZEUILH, banquier à Bordeaux ;

Claude SILVESTRE, secrétaire général de la Société de Viticulture de
Lyon ;

Jules TANNERY, de l'Académie des Sciences ;

G. THIL, du Syndicat ouvrier des lithographes ;

Pierre VIALA, de la Société Nationale d'Agriculture, inspecteur général
de la Viticulture ;

VIDAL DE LA BLACHE, de l'Académie des Sciences morales et politiques ;

VILLEMIN, entrepreneur ;

André WEISS, professeur à la Faculté de Droit, etc., etc.

L'assemblée générale des premiers adhérents du Comité Républicain de la R. P. a choisi pour secrétaire général M. Georges
Lachapelle, ancien directeur de la *République Française*. Elle a
décidé de poursuivre son œuvre de propagande désintéressée
jusqu'au jour où la Représentation Proportionnelle serait votée par
les deux Chambres.

Le *Comité Républicain de la R. P.* ne se dissoudra donc que lorsqu'une loi aura consacré le principe de justice électorale dont il réclame l'application.

Les souscriptions et adhésions sont recueillies au siège du Comité Républicain de la R. P. : 21, Place de la Madeleine, Paris (8ᵉ).

On peut adhérer sans souscrire.

L'objet des souscriptions est de répandre l'idée de la R. P. par tous les moyens de propagande.

Le Comité n'intervient pas dans les luttes électorales par la désignation de candidats.

Le Secrétaire Général, assisté des membres du Comité Directeur, organise la propagande.

Toutes les communications doivent lui être adressées.

La Réunion du 17 mars

La première réunion organisée par le Comité Républicain de la R. P. a eu lieu le vendredi soir, 17 mars, dans la grande salle de la Société nationale d'Horticulture. Elle était présidée par M. Charles Gide, professeur à la Faculté de droit de Paris, qui avait à ses côtés MM. E. Lavisse, de l'Académie française ; E. Briat, membre du Conseil supérieur du Travail ; A. Croiset, de l'Académie des Inscriptions et Belles-Lettres, et la plupart des fondateurs du Comité dont on a lu les noms plus haut. La salle était remplie d'auditeurs appartenant à toutes les opinions et à toutes les professions.

Les orateurs choisis par le Comité Républicain de la R. P. étaient : MM. Charles-Benoist, Ferdinand Buisson et Jean Jaurès, députés. Avant de leur donner la parole, M. Charles Gide a prononcé l'allocution que voici :

Allocution de M. Charles GIDE

Messieurs, les trois orateurs que vous allez entendre sont trop connus et ont été trop souvent acclamés pour que j'aie, sans ridicule de ma part, à vous les présenter.

Mais ce qui est inconnu de vous, c'est la société sous le patronage de laquelle ils vont parler et qui vous a convoqués ce soir. Cette société, ou plutôt ce comité qui a pris le titre de Comité Républicain de la R. P., a ceci d'original et de caractéristique qu'il ne compte parmi ses membres à peu près aucune personne s'occupant de politique ou du moins de politique militante. Si j'ai eu l'honneur d'être choisi ce soir pour présider cette réunion, c'est précisément parce que de tous les membres je suis peut-être celui qui s'est le moins souvent occupé de politique. J'ai rarement paru dans une réunion publique. Si je vous lisais la liste des fondateurs du Comité vous entendriez les noms de membres de l'Institut, de professeurs de l'Université, de commerçants, de secrétaires de syndicats ouvriers, mais vous n'entendriez presque aucun nom appartenant à la politique.

Pourquoi donc tous ces hommes ont-ils quitté leur retraite, leurs occupations professionnelles, pourquoi ai-je ce soir éteint ma lampe, ce qui m'arrive rarement, pour venir dans cette réunion ? C'est que nous avons tous le sentiment d'un devoir impérieux, la sensation d'un péril pour les institutions qui nous sont chères et nous n'avons pas trouvé d'autre moyen de les régénérer, de les sauver peut-être, qu'une transformation dans le mode de représentation.

Tel est le sujet dont on va vous entretenir. Je vais laisser la parole aux orateurs, après avoir accompli ma modeste tâche qui consistait à vous présenter cette association composée d'hommes pacifiques.

D'autres réunions suivront celle-ci ; mais nous ne vous proposerons pas, pendant cette campagne électorale, de faire sortir de l'urne le nom de tel ou tel candidat ; nous ne ferons campagne pour aucun parti. Nous nous proposons uniquement de faire triompher un principe de justice : le droit des minorités à être écoutées. On a dit quelquefois que les majorités n'ont jamais raison. Nous n'allons pas si loin, mais nous disons que les minorités ont quelquefois raison et cela suffit pour qu'on leur donne la parole. (*Vifs applaudissements.*)

La parole est à M. Charles Benoist. (*Applaudissements.*)

Discours de M. Charles BENOIST

MEMBRE DE L'INSTITUT, DÉPUTÉ

Messieurs, dans une des nombreuses invitations que, au nom de la Commission du suffrage universel et du groupe de la réforme électorale, j'ai naguère adressées à M. Clemenceau pour le prier de laisser mettre à l'ordre du jour les propositions de loi sur la Représentation Proportionnelle, je lui disais : « Nous avons avec nous tout le pays politiquement vivant et pensant, la plus illustre élite et les masses populaires averties par un sûr instinct. »

Des sceptiques ont pu croire que j'exagérais. La réponse, le Comité Républicain de la R. P. la donne aujourd'hui et elle est confirmée par toutes vos signatures : la plus illustre élite, nous l'avons, puisque vous êtes là ; les masses populaires, nous sommes en train de les conquérir.

Il n'y a pas très longtemps, messieurs, que la question de la R. P. a été introduite parlementairement. Je bornerai mes explications à un bref historique, laissant à mes amis et collègues, qui depuis le premier jour ont fait campagne avec moi, le soin de vous dire ce qu'est et ce que vaut la R. P. Dans cette campagne, bien entendu, il ne s'agissait pas d'une besogne politique, d'une besogne de parti, nous prétendions servir uniquement la France et la République. Quant à moi, je me contenterai donc d'exposer brièvement le chemin que nous avons fait en vous demandant de nous aider à accomplir le chemin plus long qui nous reste à faire. (*Applaudissements.*)

Jusqu'en 1875 on n'a guère parlé dans les assemblées de la Représentation proportionnelle. C'est en 1875 que, pour la première fois, un député de la Seine, M. Pernolet, en a prononcé sérieusement le nom. Quand je dis sérieusement, je veux dire dans une proposition de loi. Il obtint un rapport, par pure politesse, et vous verrez combien le mot est exact quand je vous aurai rappelé que l'expression la plus caractéristique de ce rapport, dû à la plume experte de M. de la Sico-tière, était : « Il faut saluer au passage cette idée généreuse ».

Un salut à la R. P., un petit salut du bout des doigts, un de ces vieux petits saluts qui n'engagent pas beaucoup, voilà tout ce qu'obtenait la proposition de M. Pernolet. (*Sourires.*)

Dix ans se passèrent. Il ne fallut pas moins de dix ans pour accomplir ce menu pas en avant. Sur une nouvelle proposition de M. Courmeaux, député radical de Reims, en 1885, M. Constans allait du salut jusqu'à la sympathie et reconnaissait, en termes que je vous prie de ne pas oublier, que la R. P. « méritait d'appeler sur elle les méditations des hommes publics. » Quand les hommes publics se mettent à méditer, ce qui ne leur arrive pas tous les jours, ils peuvent méditer longtemps. (*On rit.*)

Ils méditèrent, de 1885 à 1896, dans un silence que rien ne troubla. En 1896, sous le coup de fouet de l'exemple de la Belgique qui, pour la première fois, avait tenté, sans succès alors, au moins pour les élections législatives, d'introduire la R. P., trois députés du Nord : MM. Le Gavrian, Dansette et l'abbé Lemire déposèrent les deux premières propositions, qui cette fois furent examinées un peu plus longuement et un peu plus à fond, sur la Représentation Proportionnelle.

Mais on les enterra six ans après sur un mot un peu dédaigneux de Waldeck-Rousseau, et ce ne fut que dans la législature de 1902 à 1906 qu'on put commencer à croire que la R. P. passerait un jour, sans cependant pouvoir dire encore si ce jour serait prochain, du domaine de la théorie dans le domaine de la pratique.

Ce qui arriva dans cette législature, je ne vous le raconterai pas en détail. La commission du suffrage universel, que présidait alors M. Guyot-Dessaigne, était partagée en trois tronçons à peu près égaux. Elle se composait de vingt-deux membres ; l'un d'eux était flottant ; les vingt et un autres se partageaient par tiers, comme il convenait : sept étaient pour le scrutin d'arrondissement, sept autres pour le scrutin de liste simple, sept autres pour le scrutin de liste avec représentation proportionnelle. Le dernier était absent, il n'avait pas d'idée.

On se trouva fort embarrassé: impossible d'aboutir à une conclusion, quelle qu'elle fût ; et comme un certain machiavélisme, sur la qualité duquel je vous demande la permission de faire des réserves, n'est jamais tout à fait banni des commissions de la Chambre, on convint, pour se tirer de la difficulté, que, tandis que les sept partisans du scrutin d'arrondissement seraient livrés en proie aux sept proportionnalistes, les sept partisans du scrutin de liste simple s'abstiendraient, ce qui permettrait aux partisans de la R. P. de déposer un rapport en faveur du système qui leur était cher, mais n'empêcherait pas les partisans du scrutin de liste de soutenir, eux aussi, dans un rapport, le procédé qu'ils croyaient préférable.

Deux rapports furent donc déposés. C'est la plus grande calamité qui puisse s'abattre sur une proposition. Ces deux rapports étaient contradictoires et, tout naturellement, ils eurent l'heureuse fortune de n'être même pas discutés. (*On rit.*)

C'est ainsi que nous gagnâmes la législature présente, celle qui va mourir dans quelques semaines. Il ne m'appartient pas de devancer sur elle le jugement de l'histoire. Avec cette législature, nous entrons dans ce que vous nous permettrez d'appeler la période active de la campagne pour la R. P. (*Applaudissements.*)

Je ne parle pas seulement de ce que nous avons fait à la Chambre. Je parle d'une découverte, la plus originale que mes amis et moi ayons faite et que nous entendons revendiquer. Nous observâmes tout à coup qu'il est plus difficile d'opérer une réforme sur soi-même qu'une révolution contre autrui, que la dernière chose, par conséquent, que l'on pût demander à une Chambre, c'était de se réformer dans ses origines, parce qu'elle n'avait peur de rien autant que de la mort, si ce n'est des conditions de sa naissance. (*On rit.*)

Or, nous nous dîmes que le seul moyen de nous tirer de cette difficulté était — ce qui paraît aller de soi dans une démocratie — de s'adresser au public lui-même, au corps électoral, de le secouer quand il s'endort dans l'intervalle des quatre ans de sa souveraineté et de l'avertir : « Tu es souverain, souviens-t'en, tu as un mot à dire dans tes propres affaires. »

C'est ce que nous avons fait, et voilà toute l'ingéniosité de notre découverte. Vous voyez qu'il n'y a pas de quoi nous présenter à l'Académie des Sciences... (*on rit*) ou du moins, il n'y a pas de quoi y être élu. (*Nouveaux rires.*)

Et puis nous sommes allés par le pays en bandes bigarrées, peu homogènes. Ah ! par exemple, il faut bien avouer que l'homogénéité nous faisait complètement défaut. Nous sommes allés à travers la France, dans 50 ou 60 réunions, quelques-unes un peu plus tumultueuses que la vôtre, mais en général attentives ; car le caractère distinctif de cette campagne est la grande attention que nous avons rencontrée partout.

La première réunion eut lieu le 2 Mars 1907 aux Sociétés savantes, rue Danton ; vous vous en souvenez, Buisson, et vous aussi, Jaurès, vous étiez de l'équipe. Nous avions mis sur l'affiche tous les noms d'une équipe parlementaire, commençant à Denys Cochin pour finir au socialisme unifié dans la personne de son orateur le plus puissant qui est ici derrière moi. (*Applaudissements.*) Le Parisien, ce Parisien de la rive gauche dont on dit trop de mal, dont on voudrait faire croire qu'il serait un peu provincial, ce Parisien né beaucoup plus malin que d'autres Français nés malins, disait (en style familier) : « Nous la connaissons, celle-là ! Ils ne viendront pas. On les annonce, mais ils ne viendront pas ».

Ils vinrent pourtant. Je n'essaierai pas de vous peindre l'étonnement qui se marqua dans cet auditoire aussi varié que l'était notre troupe elle-même, quand on vit apparaître, l'un suivant l'autre, comme en une procession où Jaurès aurait été le prélat, Denys Cochin d'abord, votre humble serviteur ensuite, puis Étienne Flandin, aujourd'hui sénateur, puis Deschanel, Messimy, Buisson et Jaurès enfin, qui fermait pontificalement la marche! (*On rit.*)

Mais l'étonnement fit bientôt place à une curiosité bienveillante qui ne se démentit pas un seul instant, et si, en allant à la salle des Sociétés savantes, j'avais pu concevoir quelque inquiétude sur le succès de la réunion, à partir de ce moment je fus bien rassuré et nous nous lançâmes tous dans la haute mer à la conquête des continents où nous étions sûrs désormais de planter le drapeau aux deux lettres R. P. (*Applaudissements.*)

Depuis lors, les réunions se sont multipliées. Nous avons parlé à de très grands auditoires, à des auditoires entièrement populaires comme en plein Clichy, à des milliers, j'ose dire à des centaines de milliers d'auditeurs. A des hommes de toutes les conditions, de toutes les opinions, assemblés au hasard, se réunissant sur une provocation d'une affiche, nous avons demandé de suivre les opérations arithmétiques de la R. P., ces opérations qui, au dire de nos adversaires, doivent donner des méningites à la moitié des conseillers généraux de France. (*On rit.*) Et tous ont suivi, tous ont compris, je dis parmi les électeurs. Dans les Chambres, plusieurs encore n'ont peut-être pas compris; mais ils sont de l'espèce de ceux qui s'en excusent en disant : « Je ne comprends pas la R. P. parce que, si je la comprenais, je serais obligé de vous donner raison... » Et vous voyez comment s'établit le raisonnement. Mais partout ailleurs qu'au royaume des sourds volontaires, ou l'on a bien compris, ou l'on comprendra.

Je sais bien que nous ne sommes pas ici pour parler politique ; nous ne pouvons pourtant pas laisser à la porte toute mémoire ni dépouiller notre personnalité. Ce qui prouve donc qu'on a compris, c'est le grand nombre de candidats qui viennent trouver le président du groupe de la R. P. et qui éprouvent le besoin de lui faire des confidences sur le proportionnalisme virtuel qui est en eux, et qui ne demande qu'à se développer pour peu que la chaleur électorale lui serve à éclore. (*On rit.*)

Nous avons ainsi touché des centaines de milliers d'auditeurs. En outre, au moyen de petits tracts répandus à profusion, nous avons touché des millions de lecteurs. Combien exactement ? Si M. Levasseur était ici, je ne risquerais pas de chiffre ; mais en son absence et couvert par cette définition d'un humoriste que « la statistique est l'art de préciser ce que l'on ignore », je n'hésiterai pas à dire 3 millions 200000. (*Applaudissements et rires.*)

Voilà ce que nous avons fait. Ce n'est pas beaucoup, c'est quelque chose, c'est un commencement et si, comme on le remarquait hier, le commencement est la moitié du tout, la première moitié est faite. Nous venons vous demander, messieurs, de nous aider à faire l'autre moitié.

Il faut se garder, n'est-ce pas, mon cher maître Monsieur Lavisse, des mots historiques, à moins qu'on n'ait eu soin de les fabriquer de son vivant, pour qu'ils aient tout de même une chance d'authenticité. En voici un, qui fut attribué à M. Frère-Orban, l'ancien ministre et chef du parti libéral belge. Ce mot est presque aussi beau que celui de Guizot, à la veille de 1848, qu'il n'y aurait jamais de jour pour le suffrage universel. Pareillement Frère-Orban, en 1846, au premier Congrès du parti libéral belge à Malines, s'écriait : « Ni en un acte, ni en cinq actes, nous ne voulons aller au suffrage universel. » Il n'y est pas allé en un acte, ni en cinq actes, il y est allé en trois.

Rappelez-vous maintenant la séance mémorable de la Chambre française du 8 novembre 1909, au cours de laquelle elle a successivement condamné le scrutin d'arrondissement par 237 voix de majorité, adopté la proportionnelle par 46 voix de majorité, et ensuite rejeté le tout, sous prétexte qu'adorant le lait et le café, elle ne pouvait pas souffrir le café au lait. (On rit.) La Chambre, ce jour-là, s'est placée dans une situation pénible entre une forme de scrutin qu'elle avait tuée et une autre forme qu'elle n'avait pas su, qu'elle n'avait pas pu ou qu'elle n'avait pas voulu faire naître. Cette position, elle ne peut pas la garder longtemps.

Et donc, n'ayant pas voulu jouer en un acte le drame de la R. P., drame où il se mêla des fragments de comédie, la Chambre le jouera en trois. Nous sommes ce soir au point culminant du second acte qui fait péripétie. Le décor représente le pays tout entier, ou plutôt une place publique, ou mieux une salle de scrutin : la parole est aux électeurs.

Si vous le voulez, vous, électeurs, ce second acte entraînera tout de suite le troisième, qui sera très court. Ce sera la réalisation, dans un décor représentant une colonnade au bout du pont de la Concorde, et une maison curieuse entre toutes, la seule, à Paris qui n'ait pas de fenêtres ouvrant sur le dehors. (On rit.) Là, si vous le voulez, dans quelques semaines, vous verrez le dénouement. Il dépend de vous, messieurs, que ce dénouement soit bref et qu'il soit bon. Je suis assuré que l'action du Comité républicain de la R. P. y contribuera fortement, et, au nom du Groupe Parlementaire de la Réforme électorale qui ne m'avait chargé de rien dire, c'est pourquoi, sans doute, j'ai tant bavardé ! (On rit.) je remercie les initiateurs du mouvement, ceux qui ont eu la pensée de créer votre Comité, je les remercie tous de l'appui si efficace qu'ils veulent bien nous prêter. (Applaudissements vifs et prolongés.)

Discours de M. Ferdinand BUISSON

Messieurs, les organisateurs de cette réunion m'ont assigné un rôle, dont vous êtes un peu surpris et dont je suis, moi, tout à fait confus. Ils me donnent la parole entre deux hommes qui s'imposent à l'attention publique, l'un par le succès imprévu d'une originale propagande politique, l'autre parce que sa voix a été pour notre pays la grande voix prophétique de la justice et de la vérité. (*Applaudissements.*) Vraiment, je ne me sens pas à ma place, c'est un honneur qui m'accable, et dans tous les cas la répartition n'est nullement proportionnelle. (*Protestations, sourires.*)

Cependant, je comprends les raisons qui ont guidé votre Comité. Il tenait à faire représenter ici le parti qui devrait y être et y être en immense majorité. (*Applaudissements.*)

Si, en effet, la politique et la logique s'accordaient, c'est la majorité radicale qui remplirait cette salle en ne laissant que peu de place aux amis du dehors.

Oui, le parti qui forme la majorité dans la majorité se devrait à lui-même d'être en tête de tous les autres dès qu'il est question de réforme électorale. Le premier mouvement d'une majorité républicaine, dès que s'élève une plainte des minorités, c'est d'aller au-devant d'elles, et de leur rendre justice plutôt deux fois qu'une, leur plainte fût-elle exagérée ou intempestive. C'est le devoir, c'est l'honneur, c'est la raison d'être du parti républicain de ne pas souffrir d'être soupçonné. (*Applaudissements*).

D'ailleurs, il lui suffirait de jeter sur son passé le regard le plus rapide pour s'apercevoir que la Représentation proportionnelle est, par la filiation la plus indéniable, fille de la République. Et quand on entend dire aux uns que c'est une invention exotique — il y a encore, paraît-il, des Français qui ont peur des inventions exotiques — aux autres que c'est une invention cléricale, on ne peut que hausser les épaules. Cette réforme a été énoncée, exprimée, préconisée avant tous par Louis Blanc et par Edgar Quinet.

Le premier qui en ait rédigé un plan complet, celui qui a eu le bonheur de la faire triompher dans un petit pays voisin du nôtre, c'est Cantagrel. Et Cantagrel n'a jamais passé pour autre chose que pour un républicain très ferme et très avancé. Cantagrel, en exil dans le canton de Neuchâtel, avait tracé dans un journal les grandes lignes et le détail même du mécanisme de ce qu'il appelait « l'élection véridique ». Il a fallu vingt-cinq ans pour que les radicaux de ce pays se rendissent à ses bons arguments ; ils s'y sont rendus. Et ils se sont fait honneur de reproduire en annexe à leur loi les articles du proscrit français.

Certes, une foule de bonnes raisons devraient décider nos amis, mes amis républicains, à se rallier autour du drapeau si hardiment levé par notre président Charles Benoist. Malheureusement, ces raisons n'ont pas suffi. Je reconnais qu'ils ont tort ; mais je ne suis pas venu ici pour les accabler de reproches. Peut-être pourrais-je le faire ailleurs, mais ici non. Je vous demanderais plutôt la permission de les défendre.

Tout au moins vous demanderais-je d'examiner d'un peu près les raisons de leur résistance. C'est une attitude fâcheuse et à mon sens illogique. Elle n'en est pas moins facile à expliquer.

D'abord par les circonstances qui ont accompagné l'entrée en campagne de cette grande et belle idée de la R. P. On a vu les partis réactionnaires — je prie mes collègues universitaires de ne pas trop s'émouvoir de nos épithètes politiques qu'ils trouveront peut-être un peu sonores et violentes, c'est une question de diapason ; il vous est licite d'appliquer à notre vocabulaire de la Chambre et des réunions électorales une certaine réduction proportionnelle, — on a vu, disais-je en notre style de bataille, les réactionnaires s'emparer avec un art très grand et une précipitation remarquable de l'arme que nous leur abandonnions. Dans un document très important, émanant de leurs chefs et signé de noms qui font autorité, ils ont déclaré tout naïvement : « Voilà un magnifique tremplin électoral ! »

Le mot a fait fortune parmi nos amis. Ils y ont vu un aveu et un avertissement, dont à leur tour ils se sont emparés. Ils ont dit : « Si la R. P. est imaginée pour faire le jeu des gens qui ont besoin d'un tremplin électoral, ce que nous avons de mieux à faire c'est de leur ôter le tremplin de dessous les pieds. Ils sont partis en guerre contre la R. P. par une sorte d'instinct de bataille analogue au mouvement réflexe qui riposte d'un coup par un autre.

Cette riposte nous a paru déraisonnable. Et dans notre ferveur de proportionnalistes, nous avons été très durs pour les républicains. Nous nous sommes fâchés, nous avons crié : « Mais c'est abominable ! vous nous refusez le minimum de justice ! Vous attentez au droit des minorités ! »

Et nous avons développé ce thème suivant nos forces, quelques-uns avec beaucoup de véhémence.

À quoi les radicaux ont répondu : « Faites attention ! Vous avez été au pouvoir pendant bien des années. Quand donc avez-vous songé à nous donner cette liberté et cette égalité ? Avez-vous songé à la proportionnelle lorsque vous étiez la majorité ? Et c'est maintenant, tout de suite, à l'instant même, qu'il faut que nous vous la donnions! Vous nous criblez de critiques, de reproches et d'injures, parce que nous vous faisons attendre trois ou quatre ans ce que pendant trente ou quarante ans vous n'avez pas eu l'idée d'instituer! »

Échange d'arguments qui ne valent pas grand'chose, ni les uns ni les autres. Il y en a d'autres qui sont meilleurs, parce qu'ils sont des raisons de fond : ils touchent à la notion même de la réforme du scrutin.

Les républicains qui ne veulent pas de la proportionnelle insistent non seulement sur la part d'inconnu, d'imprévu qu'elle comporte, mais sur les inconvénients de tout scrutin de liste, majoritaire ou non.

« Certainement, avouent-ils, le scrutin d'arrondissement a ses défauts, disons même ses tares puisque le mot est consacré, mais enfin il a aussi ses mérites. Il répond à une idée très simple que beaucoup de bons esprits ont jugée assez importante pour compenser tous les désavantages. C'est que, dans une démocratie, tout électeur doit connaître son élu. Il a personnellement à faire un acte de choix : mettez-le donc dans de telles conditions qu'il puisse se flatter de choisir en connaissance de cause. C'est ce que permet le scrutin uninominal. N'ayant à disséquer qu'un candidat, l'électeur peut se renseigner, il peut juger par lui-même. Le mandataire qu'il va charger de le représenter est un enfant du pays, un homme dont la vie s'est déroulée sous ses yeux, un homme qui a sa famille, ses biens, ses relations, tout son passé, tout son présent, tout son avenir au milieu de ceux dont il sollicite le mandat.

« Quelle différence avec l'autre procédé, et quelle supériorité! Au scrutin de liste, l'électeur ne fait plus œuvre personnelle : l'élection est faite par de grands comités lointains, siégeant à Paris et qui envoient de Paris leurs élus, leurs candidats, leurs programmes impersonnels. Toute-puissance des comités, toute-puissance de la presse, peut-être des influences d'argent : l'électeur est obligé de s'en rapporter à l'organisation centrale qui dispose de son suffrage pour une liste de noms dont plusieurs lui sont à peu près inconnus. Est-ce là l'idéal du vote démocratique? »

Je ne suis pas séduit, messieurs, par cet argument. La prétendue analogie entre le vote municipal et le vote législatif me semble reposer sur une confusion entre deux fonctions très dissemblables. On est dupe des mots quand on parle de « connaître » un candidat à la députation comme on « connaît » un candidat au conseil municipal. Et l'erreur fondamentale est précisément de se déterminer pour l'un par les mêmes motifs qui vaudraient pour l'autre. Mais c'est une erreur si répandue que nous n'avons pas le droit de n'en pas tenir compte.

Avons-nous davantage celui de faire abstraction du sacrifice que nous demandons à un parti en le sommant tout simplement de renoncer à une partie des situations acquises? Nous avons de très bonnes raisons pour lui demander ce sacrifice. C'est entendu. Mais quoi d'étonnant que la première impression de ceux à qui nous faisons entrevoir cette perspective soit de la goûter médiocrement. C'est un sentiment humain et facile à comprendre.

Il est, dans le cas particulier, singulièrement fortifié par les circonstances historiques. Reportez-vous à ce qu'était la France il y a une quarantaine d'années. Le mot de républicain sonnait fort mal; il rappelait « les rouges ». S'il y a une majorité républicaine aujourd'hui, c'est parce que nous avons conquis, citadelle à citadelle, siège après siège, circonscription par circonscription, je pourrais dire commune par commune, le sol de la France. Cet état de choses nous a conduits, malheureusement mais fatalement, à confondre l'idée même du progrès de la République avec l'idée de cette conquête de sièges enlevés un à un, au prix d'efforts inouïs, à des hommes qui représentaient les plus grandes familles, les plus grandes fortunes, les plus grands noms de France.

Tout à coup nous venons dire à ceux qui ont accompli cette œuvre minutieuse, de longue haleine : « Mes amis, voici un département où vous avez maintenant six postes. Vous n'en aviez pas un seul il y a trente ans ou vingt ans. Aujourd'hui vous les avez tous conquis. Eh bien : il faut en rendre deux aux adversaires de la République. »

Et nous disons cela aux mêmes populations que nous avons pendant des années exhortées à la lutte, à la lutte directe, locale, individuelle, personnelle. Ces gens-là sont de bonne foi lorsqu'ils nous répondent : « Eh quoi : est-ce une mystification ? Est-ce une trahison ? Ne serait-ce que la marotte de quelques philosophes et de quelques mathématiciens qui, par amour de la rectitude théorique, perdent de vue la réalité ? »

M. Charles Benoist a parlé des masses populaires à conquérir, à éclairer, à gagner. Je suis d'accord avec lui. Mais pour cela il faut les prendre où elles en sont, et nous rendre compte avant tout du grand effort d'intelligence et de volonté que nous leur demandons.

Il faut leur faire comprendre que la lutte politique ne se confond pas avec les résultats individuels, que la mesure du succès de la République n'est pas la mesure du succès des différentes candidatures locales, qui l'ont un moment représentée. Il faut obtenir des électeurs qu'ils se placent à un point de vue général, au lieu du point de vue particulier où nous les avons placés nous-mêmes depuis 1875.

Car, depuis 1875, sauf pendant le court intervalle de temps où le scrutin de liste a été pratiqué, tout habitue, tout oblige ce pays à voir le progrès républicain presque uniquement dans le triomphe de certaines personnes sur d'autres personnes. Ce changement de point de vue est comparable à celui que doivent faire les ouvriers pour comprendre les retraites ouvrières.

C'est ce que personne n'a exposé avec plus de force que M. Jaurès. En face d'un auditoire ouvrier qui nous objecte : « La retraite, nous n'en bénéficierons pas pour la plupart. A soixante-cinq ans, nous serons morts. Et nous allons faire des versements jusqu'à cet âge! » que répondre, si non : « Il est possible que vous mouriez avant l'âge de la retraite. Mais vous devez vous intéresser quand même à cette loi, vous devez, pour l'honneur et pour le bien de votre classe tout entière, coopérer à l'établissement des retraites : ce sera une grande institution collective de solidarité. »

C'est un raisonnement analogue qu'il nous faut tenir pour la Réforme Électorale ; nous invitons les électeurs à oublier leurs intérêts locaux et les effets particuliers de la loi à l'égard de chacun de leurs petits groupes pour ne considérer que l'intérêt général de la République. Nous les supplions même de savoir supporter quelques pertes locales et momentanées, commandées par un motif supérieur de justice.

Voilà la nouveauté, voilà la difficulté du problème. (*Applaudissements.*)

J'ai essayé de vous expliquer, messieurs, les raisons bonnes et mauvaises, de la résistance que nous rencontrons. Laissez-moi dire maintenant que cette résistance même de la part de la majorité ne sera pas éternelle. Elle ne peut pas même être bien longue. Nous vaincrons, d'abord parce que cette idée de justice à quoi tout se ramène, est de celles auxquelles on ne tient pas tête indéfiniment dans un pays comme le nôtre, parce que le suffrage universel, dès que nous l'aurons atteint, non seulement ne se révoltera pas, mais jugera tout naturel qu'après soixante ans de pratique on ait trouvé quelques perfectionnements désirables à son mécanisme : il comprendra qu'un peu plus de justice politique soit lié à un peu plus de justesse arithmétique.

Mais nos espérances, convenons-en, vont beaucoup plus loin qu'une retouche du mécanisme électoral.

Parlons franc : la popularité de la R. P. est faite surtout de l'impopularité du régime électoral actuel. (*Applaudissements.*)

Si nous sommes accueillis si favorablement par tous les publics, ce n'est pas seulement à cause de la clarté des raisonnements, de la beauté des résultats arithmétiques; mais c'est parce que tout le monde entrevoit, pressent derrière la R. P. une grande et profonde réforme de nos institutions politiques. (*Applaudissements.*) Voilà ce qui constitue la portée véritable du mouvement en faveur de la Réforme Électorale.

M. Poincaré, assure-t-on, a dit un jour en souriant à propos des initiales R. P. : « Vous traduisez par « Représentation Proportionnelle »; est-ce qu'il ne faudrait pas lire « Réforme Parlementaire »?

Il a raison; c'est la réforme parlementaire qui nous intéresse surtout dans la R. P. La Proportionnelle n'est pas en elle-même une fin; elle est un commencement, le commencement d'un régime nouveau.

Nous pouvons bien le dire entre républicains — car si j'ai bien compris, nous sommes ici les hôtes d'un Comité républicain —; si républicains que nous soyons, il reste au fond de nous tous un virus césarien. Nous avons gardé, au fond de l'âme, la tradition, sinon le culte d'une certaine forme d'organisation politique, économique, administrative, sociale, qui est d'allure césarienne; si je parlais du point de vue économique, j'ajouterais d'allure bourgeoise; mais je ne veux pas compliquer le problème, et puis Jaurès est là. (*On rit.*) A ne parler donc que du point de vue politique, malgré nous, nous avons encore le besoin inavoué d'un gouvernement fort.

Il n'y a plus aujourd'hui de roi, il n'y a plus de monarchie sans doute. Mais toutes nos administrations sont des monarchies. (*Applaudissements.*) Un ministre, dans son département ministériel, est roi; il veut l'être, et il considère comme un affront qu'on lui propose de ne plus l'être, de passer au rang de monarque constitutionnel.

Vous croyez que cet autoritarisme n'est pas dans l'âme des parlementaires. En êtes-vous bien sûrs? N'y a-t-il pas encore des gens qui se représentent la majorité comme ayant les droits d'un maître, d'un souverain?

C'est cette notion que la R. P. doit détruire, non seulement parce que, comme notre Président l'a cent fois démontré, la majorité au pouvoir n'est pas en fait la majorité du pays, mais parce que, le fût-elle, elle n'aurait pas le droit d'exercer un pouvoir absolu.

Il n'y a plus de place pour le pouvoir absolu dans notre démocratie, pas plus au Parlement qu'au Gouvernement.

C'est la grande réforme qui se prépare ou plutôt qui s'accomplit sans que nous l'apercevions. Une des formes très modestes, très partielles, très inoffensives sous lesquelles elle se présente, c'est la R. P. : à vrai dire c'est plutôt la préface de la réforme. Cette petite innovation permettra toutes les autres, les grandes, les profondes innovations républicaines et révolutionnaires — j'emploie ce mot abréviativement, pour dire qu'elles dérivent des principes mêmes de la Révolution.

Le premier obstacle à toutes les réformes, c'est l'organisation actuelle de notre système électoral, c'est le lien qui attache aujourd'hui le Gouvernement à la majorité et la majorité au Gouvernement. Le député n'est pas libre vis-à-vis de ses électeurs auxquels il doit rendre toutes sortes de services; il n'est pas libre vis-à-vis du pouvoir parce qu'il a besoin du pouvoir qui, à son tour, a besoin de lui.

C'est cet enchevêtrement d'intérêts politiques et personnels vulgairement désigné sous le nom de parlementarisme, qu'il faut remplacer par une organisation en grande partie nouvelle dont je suis très loin de me représenter tous les éléments. Il me suffit d'entrevoir le sens de la transformation. La Réforme Électorale nous rappelle comment il faut comprendre la République, non pas comme un pouvoir appartenant à la majorité, mais comme le pouvoir de la nation tout entière. La République est à tout le monde, elle est au-dessus de tous les partis. (*Applaudissements.*)

Voilà la philosophie de la Proportionnelle. C'est par là qu'elle dépasse l'objet immédiat que nous poursuivons, le droit de tous les Français à être représentés. (*Vifs applaudissements.*)

Dès que nous aurons obtenu satisfaction sur ce premier point, nous pensons que les autres suivront naturellement et automatiquement. Avec une représentation parlementaire plus équitable, nous obtiendrons une organisation plus démocratique de nos administrations. Nous obtiendrons que dans l'État, à côté du pouvoir propre de l'État, fonctionneront tous les autres pouvoirs légitimes dont la démocratie moderne a besoin, par exemple les associations de toutes sortes, qui seront, quoi qu'on dise, tout autre chose que la résurrection des corporations de jadis.

On a parlé avec inquiétude d'une crise du parlementarisme. A ce sujet, il y a deux écoles : l'une impute aux parlementaires eux-mêmes le discrédit du parlementarisme, l'autre au parlementarisme le discrédit des parlementaires.

Le fait certain c'est que l'un et l'autre prestige a beaucoup pâli. (*Applaudissements et rires.*) Au fond, lorsqu'on parle de la crise du parlementarisme, c'est plutôt de la crise de l'étatisme qu'il s'agit. (*Applaudissements.*)

Sans qu'il y paraisse, nous sommes entrain de reviser la constitution, car nous revisons la notion même d'État. Nous corrigeons l'étatisme napoléonien ou nous le laissons corriger par l'introduction d'une puissance nouvelle. Il est déjà obligé de compter avec les associations et avec leur représentation professionnelle.

De quelques noms qu'on les nomme, ce sont des forces encore mal définies, mal constituées, mais qui s'affirment avec l'élan de la vie jaillissante du chaos et désireuse de s'organiser. (*Applaudissements.*)

Oui, dirai-je en terminant, c'est un grand événement que celui d'aujourd'hui. On doit le rapprocher de celui de 1848. Le suffrage universel était alors ce qu'est aujourd'hui la Représentation Proportionnelle et la R. P. me paraît cent fois plus près d'aboutir en 1910 que ne l'était en 1848 le suffrage universel. Car c'était une extraordinaire nouveauté ; il constituait un saut dans l'inconnu infiniment plus hardi et plus téméraire que le passage que nous proposons pour passer du suffrage universel inorganique actuel au suffrage universel organisé par la R. P.

Mais entre les deux époques, entre les deux révolutions, il y a une différence : de la révolution qui a fait le suffrage universel, la Monarchie de Juillet, obligée de le subir, est morte ; tandis que la révolution qui fera en... — j'allais dire la date mais je vous laisse le soin de la fixer — la révolution qui fera bientôt la R. P., la République pourra l'accueillir avec joie et avec confiance. Loin d'en mourir, elle en vivra ! (*Applaudissements vifs et répétés.*)

Discours de M. JAURÈS

Citoyens,

Je remercie à mon tour le Comité républicain de la Représentation Proportionnelle du très grand honneur qu'il me fait en m'appelant ce soir à côté de Charles Benoist et de Buisson. Le Comité a voulu, par son action, par sa constitution même et en groupant l'effort des républicains pour la Réforme Électorale, dissiper les préventions et calmer les appréhensions de ceux qui souffraient un peu de voir, comme Buisson le rappelait tout à l'heure, les partis conservateurs, les partis qualifiés de partis de réaction, participer trop bruyamment, trop directement à la lutte.

Les organisateurs de cette réunion, les membres du Comité républicain de la Réforme Électorale me permettront-ils de leur dire que, pour ma part, dans la campagne que j'ai menée depuis des années pour la Représentation Proportionnelle avec des hommes de tous les partis, je n'ai jamais été embarrassé de cette coopération. Je ne crois pas que le parti républicain, je ne crois pas que l'esprit républicain puissent en souffrir. Je ne connais pas de plus grande victoire pour la République que d'obliger, que d'avoir obligé ceux qui ont été longtemps, ceux qui se croient encore ses adversaires passionnés, à n'avoir plus d'autre espoir et d'autre ressource que d'organiser avec nous, selon le droit, la souveraineté populaire. (*Vifs applaudissements*).

Je me souviens que nombreuses sont les réformes, nombreuses sont les libertés qui ont été conquises au profit de tous les partis. La liberté de la presse, la liberté d'association ne perdent rien de leur valeur pour avoir été à certaines heures réclamées par quelques-uns de nos adversaires. Et la liberté municipale, ébauchée par l'élection des maires par les conseils municipaux, je me rappelle qu'il fut un temps où les conservateurs la revendiquaient comme un moyen d'opposition. Elle est devenue une force pour la République. La vérité est que la vie publique, pour être grande dans une nation, suppose deux conditions qui semblent contradictoires mais qui se complètent l'une l'autre. Il y faut une ar-

dente vie, une ardente bataille des partis. Une nation où les partis ne luttent pas, j'entends par l'idée, par les vastes groupements d'intérêts qui
s'opposent, une nation où les partis ne luttent pas est une nation malade.
(*Applaudissements.*) Lorsque les partis cessent de lutter, les contrariétés
des idées et des intérêts n'ayant pas pris fin, il n'y a pas diminution
d'égoïsme, il y a diminution de vitalité. (*Nouveaux applaudissements.*)

Il faut donc, pour la grandeur d'une nation, que les partis luttent
ardemment, âprement, mais une nation aussi est d'autant plus grande
que s'accroît la somme des garanties communes réclamées par tous les
citoyens et des libertés communes revendiquées par tous. (*Applaudissements.*) Eh! bien voilà pourquoi je ne m'émeus pas de l'effort commun qui
a été entrepris. Je me réjouis de ce que le Comité républicain de la
Réforme Électorale, par son organisation, par son action, nous aide à
dissiper dans quelques esprits les appréhensions dont je parlais tout à
l'heure. Et vous y aiderez beaucoup, vous tous qui êtes ici. La réunion
de ce soir, son intérêt, laissez-moi le dire sans fausse modestie et sans
méconnaissance de nos services, son intérêt n'est pas dans les personnes
de ceux qui parlent, il n'est pas dans leurs paroles : il est dans les personnes de ceux qui écoutent et qui sont venus ici, représentants de
l'Université, hommes de travail, hommes de science, hommes de
pensée, apporter dans la bataille, au service de l'idée du droit, leur
bonne volonté désintéressée. (*Vifs applaudissements.*)

Le président, M. Gide, le rappelait tout à l'heure. Il est caractéristique,
il est émouvant de voir des hommes qui, certes, ne se désintéressent
pas de la vie, ne se désintéressent pas de l'action, se passionnent pour
la vie nationale et pour la vie humaine, mais qui servent la vérité et la
justice par des études silencieuses et solitaires ; il est caractéristique et
émouvant de les voir à certaines heures, de périodes en périodes quand
se noue une crise de la vie nationale, accourir, venir au secours de la
nation. Ils ont le sentiment, alors, que les partis organisés, que les partis
politiques — je dirai les partis professionnels — ne suffisent pas à la
tâche et qu'il y faut la coopération de tous. (*Vifs applaudissements.*)

Citoyens, c'est là l'œuvre que vous faites en venant ici ce soir, et c'est
le sens qu'elle aura dans le pays. C'est le retentissement qu'elle aura,
sans que vous vous y mêliez directement, dans la bataille électorale
prochaine. Ah! je sais bien; nos adversaires vont encore exploiter à leur
façon votre concours. J'en sais qui disent : la Réforme Électorale, la
Représentation Proportionnelle, c'est un souci d'aristocrates, ce sont les
politiciens dédaigneux qui veulent se décharger de la dure besogne quo-
tidienne; ils ne veulent plus aller trouver le modeste électeur, rester en
communication avec les militants, avec les paysans, avec toute cette
clientèle de quémandeurs que l'on salue un jour, la veille du scrutin, et
que l'on porte ensuite comme un fardeau. Ah! oui, ce sera une large
académie, un grand Sénat de suffrage universel! (*Rires et applaudissements.*)

Voilà ce que disent nos contradicteurs, et, s'ils avaient raison, ce serait chose grave. Et Buisson était bien inspiré, tout à l'heure, quand il nous avertissait qu'il faut combattre ce préjugé et dissiper cette défiance qui est une erreur. Et les hommes de pensée, les hommes de science, les hommes d'étude, qui sont ici, ne sont pas venus pour encourager en nous une sorte de dilettantisme. Eux-mêmes ne sont pas des dilettanti. Et je n'aurais qu'à regarder ici pour voir que tous, hommes de science, hellénistes, historiens, philosophes, ont le souci passionné de la vie. Ils la jugent de haut, ils disposent des siècles, mais ils ne comprennent le passé qu'en l'éclairant de toute la lumière et de toutes les ardeurs de la vie présente. Et nous-mêmes, quels enfants serions-nous, quelle serait notre naïveté, si nous nous imaginions que ce mode électoral pourra nous dispenser de la lutte, de l'effort quotidien, de l'incessante besogne? La lutte, elle est partout : lutte de parti à parti, lutte à l'intérieur de chaque parti, non seulement pour les rivalités d'influences et les primautés de personnes, mais pour les discussions de tactique et de méthode. La bataille est partout, elle est éternelle; l'effort humain ne cessera jamais. Nous le savons bien, et, dans la Représentation Proportionnelle, nous n'allons pas chercher un repos facile, ni un moyen de nous isoler de la masse. Ah! si elle devait isoler les élus du suffrage universel, elle serait funeste, car il faut que la communication soit incessante pour l'éducation des uns et des autres.

Comment nos adversaires se représentent-ils l'organisation des partis? Nous savons que la Représentation Proportionnelle tend à constituer, sur des programmes, sur des idées, de grands partis organisés, homogènes et responsables. Mais ces partis, nous ne les concevons pas, nous, comme nos adversaires affectent de les concevoir, c'est-à-dire avec un état-major dictant, du centre et de haut, ses volontés au suffrage universel. Les partis ne sont que de grandes associations fédératives. C'est sur ce modèle que le parti dont je suis est organisé : groupes locaux ou groupes de sections, groupes de circonscriptions, fédérations départementales qui, par leurs délégués, sont représentées à notre Conseil national réuni tous les trois mois, congrès nationaux; au delà, si vous me permettez cette ouverture subite de l'horizon : congrès internationaux. Mais il n'y a pas une puissance centrale. Nous sommes obligés d'aller tous les jours dans nos groupes; nous essayons d'en fonder dans tous les villages, d'entrer en communication avec tous les citoyens, avec les paysans de nos montagnes et de nos vallées comme avec les ouvriers de nos usines. Ce qui fait qu'un parti est ainsi organisé, même dans les communications de personnes à personnes, c'est la passion de l'idée, c'est la passion des grands intérêts communs du parti, ce n'est pas l'esprit misérable de clientèle et de marchandage. (*Applaudissements*).

Eh, bien! non, la communication vivante ne cessera pas entre les hommes et le pays, entre les mandataires et le suffrage universel. Je n'imagine pas non plus que nous aurons le lendemain des partis si bien définis qu'ils seront en quelque sorte immuables dans leurs cadres et que leur continuité sera simple comme une ligne mathématique. Même dans les partis mieux organisés, même dans les partis mieux définis, même dans les partis largement constitués sur des programmes, il y aura des crises, des renouvellements, des bouleversements. Ce seront tantôt des personnalités puissantes et méditatives, accumulant en silence, comme Pitt et Gladstone, les éléments d'une politique nouvelle et l'introduisant dans leur propre parti, au risque parfois de l'obliger à de soudaines transformations ; ou bien ce sera, comme à cette heure dans le parti catholique belge, l'introduction de l'esprit nouveau, de l'esprit social venant troubler les vieilles habitudes. Ainsi, pas plus qu'il n'y aura isolement du mandataire et du suffrage universel, avec la Représentation Proportionnelle il n'y aura immobilité figée des partis définis une fois pour toutes. Les partis évolueront selon les mouvements internes de leurs propres idées. Ils ne seront pas à la merci d'influences accidentelles, partielles et corruptrices. C'est là aujourd'hui le vice profond du scrutin d'arrondissement et de la politique qu'il commande. (*Nouveaux applaudissements.*)

Dans beaucoup de circonscriptions — pour poser clairement le problème devant des hommes pratiques — l'écart est très faible entre celui qui est élu et celui qui voudrait l'être. En sorte qu'il suffit, pour renverser le mouvement de la balance, d'un poids minuscule, d'un milligramme, d'un granule qui se déplace d'un plateau à l'autre. Alors l'élu, ou l'aspirant, surveille cette oscillation inquiète de la balance et il se préoccupe non pas du jeu des grandes forces essentielles, mais des déplacements possibles d'une molécule de métal, d'une molécule d'égoïsme, qui peuvent changer le destin. (*Vifs applaudissements.*)

Et c'est ainsi que la politique d'arrondissement se rapetisse à être la politique instable et misérable des petites coteries et des petits clans. Et c'est la peur de déterminer, dans les éléments instables les plus frivoles et les plus égoïstes du suffrage universel, des mouvements imprévus, qui change soudain le rapport des forces ; c'est cette peur qui paralyse et qui paralysera de plus en plus l'action des parlements français.

Quand ont été posées des questions d'une généralité telle et si fortement posées par la tradition elle-même que les groupes minuscules ne pouvaient changer le rapport des forces, quand des questions comme la forme républicaine, comme la laïcité, comme les rapports de l'Eglise et de l'Etat ont dominé tous les autres problèmes, il y avait autour de ces questions, par l'effort des générations, par la tradition des siècles, des groupements de forces si puissants que les manœuvres intérieures des petites coteries ne pouvaient pas fausser les termes du problème.

Mais à mesure que des problèmes nouveaux apparaissent, qui ne sont pas simplifiés par la tradition, à mesure que nous abordons les problèmes administratifs, économiques, sociaux, qui émeuvent diversement les groupes, alors dans cette complication, dans cette incertitude, dans cette instabilité, la peur envahit le parlementaire, elle envahit le Parlement qui redoute d'être frappé mortellement en mécontentant une portion infime d'une clientèle instable.

Lutte contre l'alcoolisme : Oh ! formule admirable. (*Rires et applaudissements.*) Mais il y a des distillateurs, grands ou petits, il y a des marchands de vin — je n'en dis pas de mal — il y a des cabaretiers, et il suffira de 300 cabaretiers mécontents dans une circonscription pour renverser la direction de la politique. Et il y a, à l'heure présente, 120 circonscriptions où l'écart entre le vainqueur et le vaincu ne dépasse pas 300 voix !

L'autre jour, dans le train, un de mes amis a entendu un de ces distillateurs déguisé en viticulteur — il y a longtemps que la vigne sert à cacher bien des choses (*Rires*) — qui disait : « Il y a cinq hommes particulièrement dangereux et que par tous les moyens, d'argent ou autres, il nous faut avoir ». Laissez-moi vous dire, sans orgueil et sans modestie, que, sur les cinq, il y avait Reinach, qui est ici, et moi. Eh bien ! ni Reinach, ni moi, nous n'avons peur. Mais nous aurons beau n'avoir pas peur, nous serons peut-être battus par cette action-là et tous ceux qui combattront les puissants de l'alcoolisme seront exposés au même péril.

Autre chose. Tous ces jours-ci il a été question des liquidateurs. (*Rires.*) Oh ! je ne réveille pas la bataille d'hier... et peut-être de demain. (*Nouveaux rires.*) Il y a des liquidateurs, il y a des syndics de faillites. Il faut réformer tout cela, il faut le contrôler. Tout le monde le dit. Oui, mais si les avoués, les notaires, les syndics, dans une ville comme Paris, sont peut-être des forces négligeables, au petit chef-lieu du petit arrondissement, ceux chez lesquels, tous les dimanches et tous les jours de marché, défilent les paysans processifs, qui viennent leur montrer la motte de terre contestée, ces hommes chez lesquels défile tout le monde rural sont dans nos circonscriptions les seigneurs de la procédure et, par la procédure, les seigneurs de la terre. Il sera facile de dire : réformes, réglementation des tarifs, contrôle : ce sont des mots et rien que des mots, tant que la politique d'arrondissement sera soumise, comme elle l'est aujourd'hui, à l'influence de ces groupements minuscules. (*Applaudissements.*)

Voilà pourquoi la Réforme Électorale devient plus pressante tous les jours, voilà pourquoi elle s'impose comme la condition même de toutes les autres réformes.

Puis, savez-vous une autre caractéristique singulière du régime politique et administratif, sous lequel nous vivons ? Je peux dire qu'à tous les degrés de la vie administrative et politique, depuis les assemblées municipales jusqu'aux départementales, et, plus haut encore, jusqu'aux assemblées nationales, dans la vie de la commune, du canton, du département, de la nation, il n'y a ni autonomie, ni contrôle. Il n'y a pas autonomie. La commune ne peut pas faire un geste, prendre une détermination qui ne doive être soumise au préfet et, par le préfet, au ministère de l'Intérieur. On pourrait supposer du moins que toute cette surcharge bureaucratique aboutit au contrôle? Non, parce qu'il n'y a de vrai contrôle que si ce contrôle existe également dès l'origine. Les assemblées communales — car j'applique dans ma pensée la Représentation Proportionnelle à toutes les assemblées de ce pays — les assemblées communales dans lesquelles souvent une seule fraction est représentée, administrent selon les intérêts de cette fraction ; quand elles détiennent le domaine municipal, quand elles ont à gérer les services publics, elles sont contraintes de les gérer dans un esprit de clientèle. L'entreprise est viciée depuis la racine. Et les bureaucrates de l'Intérieur? Ils ne contrôlent rien, ils ne voient rien, ils sont trop loin : le vice qui est à la racine même leur échappe.

Il en est de même dans les assemblées départementales. Les conseils généraux sont composés d'hommes de tous les partis. Mais chaque canton a son représentant exclusif qui administre le canton selon ses vues personnelles et exclusives, pour lui ou pour sa clientèle. Le conseiller général d'un autre parti ne contrôle pas les opérations de l'adversaire politique, il négocie avec lui : donnez-moi pour mon canton ce dont j'ai besoin pour mon influence et je vous laisserai dans votre canton ce dont vous aurez besoin pour la vôtre. (Rires.) Ainsi donc les conseillers généraux, qui ne font rien sans le préfet, lequel ne fait rien sans le ministre, ont une liberté, celle de pratiquer entre eux, dans des échanges quotidiens, le réciproque marchandage des influences où disparaît l'intérêt général. (Vifs applaudissements.)

Si vous regardez plus haut, vous constaterez aussi qu'il n'y a pas contrôle dans les assemblées nationales. Je le disais tout à l'heure à quelques-uns de nos amis et de mes maîtres : nous vivons sous la Constitution la plus paradoxale. On dit que nous avons deux Chambres. Non, nous n'avons pas deux Chambres, puisqu'elles n'existent jamais à la fois pour une question déterminée. Entre le Palais-Bourbon et le Luxembourg, il n'y a aucune communication, aucune coopération. Dans les bureaux et dans les ministères, lorsque les employés se sont dessaisis du dossier d'une affaire, lorsqu'ils l'ont envoyé dans un autre bureau, ils ne s'en occupent plus. Eh bien, les bureaucrates du Palais-Bourbon, quand ils ont envoyé le dossier d'une loi au Luxembourg, cela ne les regarde plus. Il n'y a entre les deux assemblées aucune communication réelle. Pourquoi ? Simplement parce qu'il n'y a pas organisation de partis.

C'est un scandale qu'il y ait une majorité radicale au Palais-Bourbon, une majorité radicale au Luxembourg, et qu'il n'y ait jamais entre ces deux représentations précises d'un même parti la moindre délibération, la moindre coopération, la moindre communication. Ce que le Palais-Bourbon prépare est une surprise pour le Luxembourg. (Rires.) Et le

Luxembourg s'imagine que le Palais-Bourbon ne doit voter qu'avec la pensée que le Luxembourg fera ensuite autre chose. (Nouveaux rires.) Puis le Luxembourg garde longtemps, si longtemps la loi, que lorsque celle-ci revient à la Chambre, ce n'est plus la même Chambre, ce n'est plus le même parti, ce n'est plus le même état de la question ; et les députés ont oublié, au moment où elle leur revient, modifiée, quel avait été leur premier vote.

Voilà l'état de choses grave, car il aboutit à la suppression effective du contrôle. Le temps perdu entre les deux Chambres est si long, les complications qui résultent de leur défaut d'entente sont si insolubles que chacune des deux Chambres, quand elle veut enfin qu'une loi aboutisse, est contrainte d'accepter littéralement ce que l'autre a décidé. Nous votons une loi sur la séparation des Églises et de l'État. Pour que le dissentiment ne se prolonge pas entre les deux assemblées, le Sénat, qui veut aboutir, adopte notre loi sans y changer une virgule. Le Sénat vote la loi de deux ans. Nous qui voulons aboutir — et parce que le changement d'une virgule remet tout en question pour des années — nous adoptons la loi du Sénat sans y changer une lettre.

Il y a douze ans, nous avons voté à la Chambre la loi des retraites pour les ouvriers et employés des chemins de fer. Le Sénat l'a gardée douze ans ; et pendant douze ans, les ouvriers et employés des chemins de fer ont dit : mais décidez-vous, mais faites quelque chose ; si vous ne voulez pas dire : oui, dites : non, mais parlez ! Et le Sénat se taisait. Il s'est décidé après douze ans. Mais quand la loi modifiée nous est enfin revenue, après douze ans, nous nous sommes dit, les ouvriers des chemins de fer se sont dit avec nous : « Si on modifie un seul paragraphe, il faudra revenir au Luxembourg, il faudra attendre peut-être douze ans encore ! (Rires.) Alors nous avons voté la loi sans y changer une lettre, sans demander une explication. Nous avons ainsi voté une loi qui était totalement différente de celle que nous avions précédemment votée, en sorte qu'on peut dire que cette loi fut votée par le Sénat tout seul. Savez-vous la conséquence? Comme nous n'avons même pas pu demander des éclaircissements, il se trouve maintenant qu'il y a dans cette loi un article 9 que nous avons compris d'une certaine manière, que les employés des chemins de fer ont compris comme nous ; il paraît que le Sénat, lui, avait donné un sens différent. Le ministère en donne un autre.

Tous les ouvriers des chemins de fer qui avaient cru, avec la Chambre, qu'on leur donnait un régime de retraites avec effet rétroactif, voient interpréter contre eux l'article 9 sans effet rétroactif, c'est-à-dire se voient privés pour une génération encore du bénéfice de la loi si longtemps attendue et qu'ils croyaient tenir.

J'ai le droit de dire que la loi n'est pas faite par les deux Chambres. Il y a deux lois différentes, votées successivement par deux Chambres différentes. Il vient un moment où, par lassitude, il faut qu'une

Chambre accepte la loi votée par l'autre. C'est la suppression complète du contrôle. (*Applaudissements.*)

Je vous prie de remarquer, citoyens, que je n'apporte pas ici, ce soir, une critique de notre Constitution. Je ne m'écarte pas de la Réforme Électorale. Même sans changer la Constitution actuelle, ce vice disparaîtrait s'il y avait des partis organisés, étendant leur action sur la double représentation au Palais-Bourbon et au Luxembourg. Alors il y aurait vraiment dualité de Chambres, délibérations communes, contrôle réciproque et coopération.

En sorte que l'on peut résumer toute la vie administrative et politique de la France à tous ses degrés par cette formule : « L'empêchement est partout et le contrôle n'est nulle part. » Eh bien, c'est là un vice qui finirait par tuer le régime parlementaire !

Il en est un autre, le dernier, du moins le dernier parmi ceux que je veux noter ce soir : c'est que, seule, l'organisation des partis permettrait de mettre un terme aux abus d'influence de la presse. Ah ! je demande aux journalistes de ne pas s'émouvoir. Je suis journaliste moi-même. Mais il m'est impossible de ne pas signaler les abus funestes résultant de l'organisation de la presse contemporaine, soustraite à l'inspiration directe et au contrôle des partis.

Je disais ces jours derniers à la Chambre que nous vivons dans une époque singulière où tout est apparence, publicité, affiche, théâtre, presse, tribune, et où cependant la cause réelle des événements nous échappe. La presse offre le même phénomène ambigu. Oh ! quelle surface immense et éblouissante ; c'est la vitrine des éditeurs illuminée comme un grand magasin ; c'est la façade empourprée de lumière ou enluminée comme la face d'un sauvage ! C'est de la réclame multicolore. Oui, mais il y a une œuvre obscure et indéchiffrable ; ce sont les intérêts secrets des groupes puissants qui, derrière cette façade illuminée, préparent la manipulation de l'opinion, la manipulation des hommes et du Parlement, beaucoup moins par la corruption de l'argent que par la corruption de la peur. (*Applaudissements.*)

Eh bien ! il n'y aura qu'un moyen, je ne dis pas d'abolir, mais de limiter cette puissance occulte, c'est que chaque parti soit assez puissamment constitué pour avoir son organe responsable disant, en chaque matière, en chaque question, la parole qui engage la responsabilité du parti.

Oh ! il faut que nous y aboutissions sans délai. Ce n'est pas une parole de socialisme que j'apporte ici mais une parole de démocratie et de probité. Tous les jours les rapports de la collectivité avec les puissants intérêts se multiplient et s'enchevêtrent, et de quelque façon théorique que vous vouliez résoudre le problème, que vous incliniez vers l'organisation des services publics et vers l'agrandissement de la propriété collective ou que vous soyez soucieux de ménager les initiatives privées et les entreprises individuelles, de quelque manière que vous songiez à résoudre le problème, il ne pourra l'être avec probité, il ne pourra l'être dans l'intérêt public, que si ces grandes transactions sont soustraites à ces influences occultes dont je vous parlais et dont la puissance va tout à la fois s'élargissant et s'approfondissant.

Voilà comment se posent les problèmes. Voilà comment c'est à la Réforme Électorale qu'est liée maintenant la régénération politique, la régénération administrative, la régénération morale de ce pays. Ceux qui sont venus ici ce soir, les philosophes, les philologues, les historiens, les physiciens, les mathématiciens, tous ceux qui sont sortis de leurs bibliothèques, de leurs laboratoires, de leurs cabinets d'étude, ont eu raison de venir parce que l'heure est grave. Ah ! nous n'avons pas en face de nous un péril apparent, déterminé, saisissable. La situation serait moins dangereuse si nous avions en face de nous des adversaires définis de la liberté publique, si nous nous trouvions en présence d'une entreprise césarienne prenant corps soit dans un individu, soit dans une bande. Quels que fussent la puissance de l'assaut, la force de la ruée, l'aveuglement des foules, nous aurions devant nous un adversaire en chair et en os, et nous le combattrions en faisant appel à toutes les énergies républicaines de la nation. Mais nous avons à lutter aujourd'hui contre un péril plus grave : c'est l'universelle dissolution de la confiance... (*Vifs applaudissements*) c'est le progrès, c'est la diffusion de l'indifférence, du dégoût, de la défiance, du scepticisme. (*Nouveaux applaudissements.*)

Oh ! je ne veux pas dire une parole de désespoir. Ce sentiment-là n'est pas en moi. Je sais qu'il y a dans ce pays, dans ce régime et dans le parlementarisme même, si on veut enfin l'organiser, d'admirables ressources. Je lisais ces jours-ci les premières pages des mémoires où Tocqueville décrit la décomposition parlementaire sous le règne de Louis-Philippe. Elle était grave, elle était presque incurable, parce que la classe bourgeoise était seule à voter, à légiférer, à administrer. Alors toutes les batailles parlementaires, toutes les luttes entre Molé, Thiers, Guizot, de Broglie, ce sont des querelles de famille qui ne passionnent plus, qui n'intéressent plus. « C'est la lutte, dit Tocqueville, entre les membres d'une même famille qui se friponnent les uns les autres. » (*Rires et applaudissements.*) Il appelait, pour renouveler la vie parlementaire, d'autres classes, d'autres forces, la force populaire. Eh bien ! dans ce Parlement d'aujourd'hui, quels que soient ses vices, quelles que soient ses tares, il n'y a pas cette représentation exclusive qui faussait le Parlement de Louis-Philippe. Toutes les classes, oh ! non pas encore en proportion de leurs forces réelles et de leur utilité sociale, mais toutes les forces, toutes les classes, tous les intérêts, toutes les passions, toutes les conditions viennent retentir et se mêler dans cette enceinte. Pour ma part, j'ai vu depuis vingt ans des heures dramatiques et nobles où ces grandes forces se heurtaient.

Je ne désespère donc ni de notre pays, ni de notre République, ni de notre Parlement, ni du parlementarisme. Mais il faut mettre un terme à l'invasion silencieuse, limoneuse, de cette décomposition, de cette indifférence, de cette défiance qui menace de tout engloutir, non pas sous les inquiétudes qui passent, mais dans une sorte d'enlizement fangeux. (*Vifs applaudissements.*)

Alors je dis que grave est la responsabilité, que terrible est l'aveuglement de ceux des républicains qui ne se décident pas. Je ne veux pas répondre à Buisson. Il a bien fait de défendre son parti, il a bien fait d'expliquer les raisons qui retenaient un trop grand nombre de radicaux au seuil de la Proportionnelle. Il faut être juste envers tous. Mais je veux faire appel une fois de plus à l'esprit républicain de ce parti radical lui-même. Ah ! il nous a dit souvent : « Vous demandez aux républicains de perdre ou de s'exposer à perdre 50, 60, 80 sièges ?... »

Mais ce n'est pas perdre quelque chose que de rendre aux autres ce qui leur appartient ! (*Vifs applaudissements.*)

D'ailleurs ceux qui s'endorment dans ces calculs d'égoïsme sont bien imprudents. Vous craignez, peut-être à tort, que le parti républicain perde 40, 50, 60 sièges, avec la Représentation Proportionnelle. Avec le régime d'aujourd'hui, avec cette instabilité, avec les déplacements formidables de majorité et de gouvernement, avec tout ce qui peut déterminer le déplacement de ces groupes minuscules dont je parlais tout à l'heure, vous êtes exposés à bien pis. Tenez ! il y a deux ou trois jours, quand a éclaté le scandale que vous savez, le cœur des républicains s'est serré. Mais si le parti d'opposition catholique et irréductible était assez organisé pour aller jusqu'au fond des campagnes exploiter ce scandale, combien en est-il de ces élus à 300 voix qui ne reviendraient pas ? Et pourtant le parti n'aurait pas été remué dans son fond et le pays n'aurait pas cessé de faire crédit à la République. Mais il aurait suffi qu'à la surface le vent d'une heure, l'affolement d'une minute, déplace quelques grains de sable, quelque morceau mobile, pour que tous les rapports des partis fussent renversés. Eh bien ! nous ne voulons pas jouer la République et le parti républicain à ce jeu de hasard. Nous voulons fonder la vie de tous les partis, la vie de la République sur une base aussi stable que juste. La Réforme Électorale, elle est le salut, en même temps qu'elle est le droit. (*Double salve d'applaudissements.*)

Après ce discours, le président remercie les orateurs dans les termes que voici :

M. Gug. —Je ne veux pas laisser partir les orateurs sans les remercier. Je ne leur adresse pas un compliment d'usage, mais je les remercie en toute sincérité. Je ne sache pas que l'histoire parlementaire d'un autre pays offre un pareil exemple d'une campagne menée avec une éloquence, une telle vaillance et un tel désintéressement. (Vifs applaudissements.)

La séance est levée.

9034-10. — Corbeil. Imprimerie Crété.